Manifestation Journal for women

© Copyright 2021 - All rights reserved.

You may not reproduce, duplicate or send the contents of this book without direct written permission from the author. You cannot hereby despite any circumstance blame the publisher or hold him or her to legal responsibility for any reparation, compensations, or monetary forfeiture owing to the information included herein, either in a direct or an indirect way.

Legal Notice: This book has copyright protection. You can use the book for personal purpose. You should not sell, use, alter, distribute, quote, take excerpts or paraphrase in part or whole the material contained in this book without obtaining the permission of the author first.

Disclaimer Notice: You must take note that the information in this document is for casual reading and entertainment purposes only.
We have made every attempt to provide accurate, up to date and reliable information. We do not express or imply guarantees of any kind. The persons who read admit that the writer is not occupied in giving legal, financial, medical or other advice. We put this book content by sourcing various places.

Please consult a licensed professional before you try any techniques shown in this book. By going through this document, the book lover comes to an agreement that under no situation is the author accountable for any forfeiture, direct or indirect, which they may incur because of the use of material contained in this document, including, but not limited to, — errors, omissions, or inaccuracies.

How To Manifest Your Desires?!

In one session, Focus on one goal and write out a clear, short and specific statement in the present tense (like you already have it) that outlines what you desire.

Write your affirmations 5 times in a row for 5 days in a row. The 55 times must be done consecutively without stopping. Be sure to stay focused while you're writing your lines and be sure to complete all 55 lines during your daily session.

When you finish on your 5th day, release your intention and trust that it will come!!

Date __ / __ / ____
Today's Moment Of Joy

1

2

3

Date __ / __ / ____
Today's Moment Of Joy

1

2

3

Date __ / __ / ____
Today's Moment Of Joy

1

2

3

Date __ / __ / ____
Today's Moment Of Joy

1

2

3

Date __ / __ / ____
Today's Moment Of Joy

1

2

3

Date __ / __ / ____

Today's Moment Of Joy

1

2

3

Date __ / __ / ____

Today's Moment Of Joy

1.

2.

3.

Date __ / __ / ____

Today's Moment Of Joy

1

2

3

Date __ / __ / ____

Today's Moment Of Joy

1

2

3

Date __ / __ / ____
Today's Moment Of Joy

1

2

3

Date __ / __ / ____
Today's Moment Of Joy

1

2

3

Date __ / __ / ____

Today's Moment Of Joy

1.

2.

3.

Date __ / __ / ____
Today's Moment Of Joy

1

2

3

Date __/__/____
Today's Moment Of Joy

1

2

3

Date __ / __ / ____

Today's Moment Of Joy

1

2

3

Date __ / __ / ____
Today's Moment Of Joy

1

2

3

Date __ / __ / ____

Today's Moment Of Joy

1

2

3

Date __ / __ / ____
Today's Moment Of Joy

1

2

3

Date __ / __ / ____
Today's Moment Of Joy

1.

2.

3.

Date __ / __ / ____

Today's Moment Of Joy

1

2

3

Date __ / __ / ____

Today's Moment Of Joy

1.

2.

3.

Date __ / __ / ____
Today's Moment Of Joy

1

2

3

Date __ / __ / ____
Today's Moment Of Joy

1

2

3

Date __ / __ / ____
Today's Moment Of Joy

1

2

3

Date __ / __ / ____
Today's Moment Of Joy

1

2

3

Date __ / __ / ____

Today's Moment Of Joy

1

2

3

Date __ / __ / ____

Today's Moment Of Joy

1

2

3

Date __ / __ / ____

Today's Moment Of Joy

1

2

3

Date __ / __ / ____
Today's Moment Of Joy

1

2

3

Date __ / __ / ____
Today's Moment Of Joy

1

2

3

Date __ / __ / ____

Today's Moment Of Joy

1.

2.

3.

Date __ / __ / ____

Today's Moment Of Joy

1.

2.

3.

Date __ / __ / ____
Today's Moment Of Joy

1

2

3

Date __ / __ / ____

Today's Moment Of Joy

1

2

3

Date __ / __ / ____
Today's Moment Of Joy

1

2

3

Date __ / __ / ____
Today's Moment Of Joy

1.

2.

3.

Date __ / __ / ____
Today's Moment Of Joy

1

2

3

Date __ / __ / ____
Today's Moment Of Joy

1.

2.

3.

Date __ / __ / ____
Today's Moment Of Joy

1

2

3

Date __ / __ / ____

Today's Moment Of Joy

1.

2.

3.

Date __ / __ / ____
Today's Moment Of Joy

1

2

3

Date __ / __ / ____
Today's Moment Of Joy

1

2

3

Date __ / __ / ____
Today's Moment Of Joy

1

2

3

Date __ / __ / ____
Today's Moment Of Joy

1

2

3

Date __ / __ / ____
Today's Moment Of Joy

1

2

3

Date __ / __ / ____

Today's Moment Of Joy

1

2

3

Date __ / __ / ____
Today's Moment Of Joy

1

2

3

Date __ / __ / ____

Today's Moment Of Joy

1

2

3

Date __ / __ / ____
Today's Moment Of Joy

1

2

3

Date __ / __ / ____

Today's Moment Of Joy

1

2

3

Date __ / __ / ____
Today's Moment Of Joy

1

2

3

Date __ / __ / ____

Today's Moment Of Joy

1

2

3

Date __ / __ / ____
Today's Moment Of Joy

1

2

3

Date __ / __ / ____

Today's Moment Of Joy

1

2

3

Date __ / __ / ____

Today's Moment Of Joy

1.

2.

3.

Date __ / __ / ____

Today's Moment Of Joy

1.

2.

3.

Date __ / __ / ____
Today's Moment Of Joy

1

2

3

Date __ / __ / ____

Today's Moment Of Joy

1.

2.

3.

Date __ / __ / ____
Today's Moment Of Joy

1

2

3

Date __ / __ / ____

Today's Moment Of Joy

1

2

3

Date __ / __ / ____

Today's Moment Of Joy

1

2

3

Date __ / __ / ____
Today's Moment Of Joy

1

2

3

Date __ / __ / ____
Today's Moment Of Joy

1

2

3

Date __ / __ / ____
Today's Moment Of Joy

1

2

3

Date __ / __ / ____
Today's Moment Of Joy

1

2

3

Date __ / __ / ____
Today's Moment Of Joy

1

2

3

Date __ / __ / ____
Today's Moment Of Joy

1

2

3

Date __/__/____
Today's Moment Of Joy

1

2

3

Date __ / __ / ____

Today's Moment Of Joy

1

2

3

Date __ / __ / ____
Today's Moment Of Joy

1.

2.

3.

Date __ / __ / ____
Today's Moment Of Joy

1

2

3

Date __ / __ / ____

Today's Moment Of Joy

1

2

3

Date __ / __ / ____
Today's Moment Of Joy

1

2

3

Date __ / __ / ____
Today's Moment Of Joy

1

2

3

Date __ / __ / ____

Today's Moment Of Joy

1

2

3

Date __ / __ / ____

Today's Moment Of Joy

1

2

3

Date __ / __ / ____
Today's Moment Of Joy

1

2

3

Date __ / __ / ____

Today's Moment Of Joy

1

2

3

Date __ / __ / ____

Today's Moment Of Joy

1.

2.

3.

Date __ / __ / ____

Today's Moment Of Joy

1

2

3

Date __ / __ / ____

Today's Moment Of Joy

1

2

3

Date __ / __ / ____
Today's Moment Of Joy

1.

2.

3.

Date __ / __ / ____
Today's Moment Of Joy

1

2

3

Date __ / __ / ____

Today's Moment Of Joy

1.

2.

3.

Date __ / __ / ____
Today's Moment Of Joy

1.

2.

3.

Date __ / __ / ____

Today's Moment Of Joy

1

2

3

Date __ / __ / ____
Today's Moment Of Joy

1.

2.

3.

Date __ / __ / ____
Today's Moment Of Joy

1

2

3

Date __ / __ / ____

Today's Moment Of Joy

1.

2.

3.

Date __ / __ / ____
Today's Moment Of Joy

1

2

3

Date __ / __ / ____
Today's Moment Of Joy

1.

2.

3.

Date __ / __ / ____
Today's Moment Of Joy

1

2

3

Date __ / __ / ____
Today's Moment Of Joy

1

2

3

Date __ / __ / ____

Today's Moment Of Joy

1.

2.

3.

Date __ / __ / ____

Today's Moment Of Joy

1

2

3

Date __ / __ / ____

Today's Moment Of Joy

1

2

3

Date __ / __ / ____
Today's Moment Of Joy

1

2

3

Date __ / __ / ____
Today's Moment Of Joy

1

2

3

Date __ / __ / ____
Today's Moment Of Joy

1

2

3

Date __ / __ / ____
Today's Moment Of Joy

1

2

3

Date __ / __ / ____

Today's Moment Of Joy

1

2

3

Date __ / __ / ____

Today's Moment Of Joy

1

2

3

Date __ / __ / ____

Today's Moment Of Joy

1.

2.

3.

Date __ / __ / ____
Today's Moment Of Joy

1

2

3

Date __ / __ / ____
Today's Moment Of Joy

1

2

3

Date __ / __ / ____

Today's Moment Of Joy

1.

2.

3.

Date __ / __ / ____

Today's Moment Of Joy

1

2

3

Date __ / __ / ____

Today's Moment Of Joy

1

2

3

Date __ / __ / ____

Today's Moment Of Joy

1

2

3

Date __ / __ / ____
Today's Moment Of Joy

1

2

3

Date __ / __ / ____
Today's Moment Of Joy

1

2

3

Date __ / __ / ____
Today's Moment Of Joy

1.

2.

3.

Date __ / __ / ____
Today's Moment Of Joy

1.

2.

3.

Date __ / __ / ____

Today's Moment Of Joy

1

2

3

Date __ / __ / ____

Today's Moment Of Joy

1

2

3

Date __ / __ / ____

Today's Moment Of Joy

1

2

3

Date __ / __ / ____

Today's Moment Of Joy

1.

2.

3.

Hey there!!!

We hope you enjoyed our book. As a small family company, your feedback is very important to us. Please let us know how you like our book at:

believepublisher@gmail.com

Without your voice we don't exist!

Please, support us and leave a review!

Thank you!!!

www.ingramcontent.com/pod-product-compliance
Lightning Source LLC
Chambersburg PA
CBHW071523080526
44588CB00011B/1542